Kerstin Werner

Gefühle zeigen erlaubt

Gefühle zeigen erlaubt
www.kerstin-werner.de

www.kerstin-werner.de

Bibliografische Information der Deutschen Nationalbibliothek:
Die Deutsche Nationalbibliothek verzeichnet diese Publikation in der Deutschen Nationalbibliografie; detaillierte Daten sind im Internet über http://dnb.dnb.de abrufbar.

1. Auflage

www.kerstin-werner.de
Lektorat: Elsa Rieger
www.elsarieger.at
Coverbild und Illustrationen:
Ulrike Hirsch
www.ulrike-Hirsch.de

ISBN-13: 978-1480163362
ISBN-10: 1480163368

Inhaltsverzeichnis

Vorwort der Autorin

Ehe du zu lesen beginnst, möchte ich dich um etwas bitten. Um etwas, was mir unglaublich wichtig ist. Denn in diesem Buch findest du keinen Roman, sondern 25 Kurzgeschichten mit Tiefgang.

Gib dir ein wenig Zeit beim Lesen.
Dein Unbewusstes arbeitet damit.
Die Geschichten wirken!
Vertraue darauf.

Wenn die Geschichten Gefühle in dir auslösen, so öffne dein Herz und nimm sie dankbar an.

Genau das habe ich in den letzten Jahren gelernt. Gefühle kommen und gehen auch wieder. Wenn wir sie jedoch wegstoßen wollen, werden sie uns beherrschen. Viel mehr als uns lieb ist. Die Lösung heißt: Annehmen.

Dieses Buch ist entstanden, weil ich Erfahrungen, die ich mit mir, aber auch mit anderen Menschen machen durfte, teilen wollte. Denn die Geschichten sind Geschenke ans Unbewusste. Und ich freue mich, dass du diese Geschenke nun annehmen und auspacken möchtest.

Ich hatte zwei Möglichkeiten, meine Botschaften nach außen zu transportieren: Entweder ich gehe auf die Bühne oder schreibe ein Buch. Und da ich schon einige Geschichten im Laufe der letzten Jahre geschrieben hatte, lag ein Buch wesentlich näher. Fürs Erste zumindest. ☺

Das hier ist mein erstes Buch. Manchmal war ich unsicher und habe mich gefragt, was in einem Buch erlaubt ist und was nicht. Die Antwort kannte meine Herzensstimme bereits: Kunst kennt keine Grenzen! Wir selbst setzen uns die Grenzen, schränken uns ein, wo wir uns besser ausbreiten sollten. Nicht nur beim Schreiben, auch in vielen anderen Bereichen unseres Lebens.

Ich habe mich vor 5 Jahren getraut, über meinen Horizont hinaus zu blicken. Und was ich dann sah, hat mir den Atem verschlagen: Eine Sonne, die heller strahlte als alles andere. Da wollte ich hin: Auf die Sonnenseite des Lebens!

Aber ich sah den Weg zu Beginn nicht. Ich marschierte einfach los Richtung Sonne. In der Hoffnung, dass der Weg das Ziel sei. Und ja, manchmal dachte ich: Wann hat diese Arbeit an mir endlich ein Ende? Wann bin ich auf meinem Weg endlich angekommen?

An dieser Stelle möchte ich ein Zitat von Dokuho J. Meindl aus dem Buch „Zen, das Glück im Jetzt" mit dir teilen, welches es für mich auf den Punkt bringt: „Egal für welchen Weg du dich entscheidest, der richtige ist immer der unter deinen Füßen. Gehe ihn achtsam und mit ganzem Herzen."

Heute sehe ich Veränderungen positiv entgegen, und freue mich auf das, was mir begegnet. Auch wenn es auf den ersten Blick unangenehm erscheint.

In den letzten Jahren weinte ich auf meinem Weg zur Sonne viele Tränen und lebte Gefühle, die ich verdrängt hatte. Heute weiß ich, wie befreiend diese Reise zu mir selbst war und immer noch ist. Auch beim Schreiben der Geschichten saß ich manchmal am PC und mir liefen die Tränen an den Wangen runter. Und es war gut so!

Ich wünsche dir nun eine wundervolle Entdeckungsreise und freue mich, wenn dich meine Geschichten berühren.

Herzliche Grüße
Kerstin

Hilflose Gefühle

Linda saß auf ihrem Sofa und weinte. Gerade hatte sich Paul verabschiedet, den sie übers Internet kennengelernt hatte. Sie waren verabredet gewesen und hatten einen tollen Tag miteinander verbracht. Linda konnte sich nicht erklären, wieso sie jetzt schon wieder weinen musste. Sie fühlte sich hilflos, ihren nicht erklärbaren Gefühlen ausgeliefert.

Noch vor fünf Jahren wäre ihr das nicht passiert. Denn sie lernte lange Zeit nur Männer kennen, die sie verarschten, die sie belogen, die verheiratet waren oder einfach nur Sex wollten. Damit konnte sie umgehen. Sie kannte es, verletzt zu werden. Das war sie gewöhnt, damit hatte sie sich arrangiert, auch wenn es schmerzvoll und überhaupt nicht erfüllend war.

Die Krönung von allem, was sie bis dahin erlebte hatte, war Richard. Linda lernte ihn im Internet kennen. Sie schrieben sich zuerst einige Nachrichten, telefonierten und da sie nur 100 km voneinander entfernt waren, trafen sie sich dann auch real. Sie gingen am ersten Abend miteinander ins Bett und dann nahm alles seinen Lauf. Sie trafen sich über ein halbes Jahr regelmäßig 3-4 Mal die Woche, er versprach ihr, dass sie zusammen alt werden, gemeinsam Kinder bekommen und später nach Australien auswandern würden, denn dort hätte er ein eigenes Haus. Linda freute sich, dass sie endlich den Mann fürs Leben gefunden hatte. Bis zu dem Tag, an dem ihr Telefon klingcltc.

„Lassen Sie meinen Mann in Ruhe, Richard ist verheiratet und hat drei kleine Kinder. Wollen Sie das etwa zerstören?" zischte eine weibliche Stimme durch den Hörer. Linda war wie erstarrt. Sie war wiedermal einem Betrüger ins Netz gegangen.

An dem Tag begriff sie: Das tut mir nicht gut! Sie kannte zwar noch keine bessere Lösung, aber sie hatte verstanden, dass sie keine Gefühle bei einem Mann erzeugen konnte, wenn sie ihren Körper hingab. Weil sie sich selbst wertlos und nicht liebenswert vorkam, dachte sie, sie müsse ihren Körper hergeben, damit der jeweilige Mann überhaupt etwas an ihr toll fand. Aber das war Unsinn. Dennoch hatte es zehn Jahre gedauert, bis sie das verstand.

Sie lernte danach immer wieder mal einen netten Mann kennen. Obwohl die Chemie stimmte, fiel Linda in ein „Heul-Koma", sobald der Mann aus dem Haus war. Sie konnte es niemandem erklären. Dann heulte sie wie ein Wasserfall und konnte es einfach nicht abstellen. Mit diesen Gefühlen konnte sie nicht umgehen. Sie geriet dann in eine Art Kontrollzwang und wollte von dem Mann immer wissen, wo er ist und was er tut. Sie brauchte Sicherheit, die sie selbst nicht hatte. Sie wollte von diesem Mann immer hören, wie gern er sie hat. Und dieses Verhalten schlug jeden Mann ganz schnell in die Flucht.

Und nun war es wieder soweit. Paul war wieder so ein Heul-Koma-Kandidat. Der tolle Tag, den sie in voller Achtsamkeit miteinander verbrachten, war vorbei. Paul war gerade gegangen und schon heulte sie wieder wie ein Schlosshund. „Was ist das nur?" schluchzte Linda hilflos die Wände an.

Mit Hilfe ihrer Therapeutin hatte Linda nun schon so viele Blockaden gelöst. Nun entschied sie sich in ihrem Heulkonzert, an diesem Sonntagabend telefonisch um Hilfe zu bitten. Linda war erleichtert, dass sie abnahm. Sie erzählte ihr, was passiert war.

Ihre Therapeutin fragte nur: „Wer heult denn da in dir? Wie alt ist die Linda, die da heult?"

„Klein, sie ist klein, ich weiß nicht wie alt. Vielleicht drei oder vier Jahre…", sprudelte es wie von selbst aus ihrem Mund.

Und im selben Augenblick, als sie das ausgesprochen hatte, wurde Linda ruhiger. Ihr wurde bewusst, dass es die kleine, verletzte Linda war, die da heulte. Und nicht die erwachsene Frau. Daher kam also die Hilflosigkeit!

Gemeinsam arbeiteten sie am Telefon. Sie fanden heraus, dass Linda sich schon sehr früh in der Kindheit Glaubenssätze über Männer erschaffen hatte, weil ihr Vater sich nie um ihre Mutter kümmerte. Er ging fremd und schaute nur auf sich. Für die kleine Linda war der Vater der „Böse".

Und weil die Glaubenssätze aus der Kindheit inneres Programm geworden waren, hatte Linda immer und immer wieder unbewusst genau diese Männer als Gegenüber erwählt, die ihr das bestätigten. Aus diesem Muster wollte Linda jetzt raus, doch Nettigkeiten und ernstgemeinte Zuwendung überforderten Linda extrem. Das war Neuland.

Die Therapeutin forderte Linda auf, alle alten Glaubenssätze auf einen Zettel zu schreiben. Linda fing wie wild zu schreiben an und es kam viel mehr dabei heraus, als sie gedacht hätte: „Männer verletzen, Männer sind nie da, wenn man sie braucht, Männer gucken nur auf sich", waren nur einige der Sätze, die auf ihrem Zettel standen.

Als sie fertig war, las sie alles vor. Abschließend schrieb sie auf Anraten der Therapeutin unter die Glaubenssätze: „Vielen Dank, dass ihr mich so lange begleitet habt. Ihr habt mir Sicherheit gegeben. Teilweise auch Schutz. Doch nun bin ich erwachsen. Ich kann auf mich aufpassen und mich selbst beschützen. Liebe Glaubenssätze, ihr dürft nun gehen. Ich gebe selbst auf mich acht."

Als Linda den Hörer auf die Gabel legte, musste sie wieder weinen. Dieses Mal jedoch vor Erleichterung. Den Zettel nahm sie an ihrem Abendspaziergang mit in den Wald und verbrannte ihn dort.

Sie traf sich danach noch oft mit Paul, und nachdem die Verletzungen aus Lindas Kindheit heilen durften, entstand eine wundervolle Liebe, die sie in vollen Zügen genießen konnte.

Was ist Liebe?

„Was ist Liebe?" fragte der vierjährige Kevin seinen Vater.

„Ach, mein Sohn, seitdem deine Mama und ich uns getrennt haben, kann ich dir auf deine Frage keine Antwort mehr geben. Ich dachte, DAS sei Liebe, aber da habe ich mich wohl getäuscht."

Diese Antwort reichte ihm nicht und so fragte er auch seine Mutter. Aber sie warf ihm bloß ein schnippiges „Frag' deinen Vater" hin.

Als Kevin in den Kindergarten kam, fragte er seine freundliche Kindergärtnerin, ob sie wisse, was Liebe sei. Sie kam aus Russland und sprach noch kein besonders gutes Deutsch.

„Kevin, kannst du Frage nochmal wiederholen bitte."

Er tat es.

„Weißt du Kevin, Liebe ist wie Geschenk", begann sie nachdenklich, „aber wenn du wartest, bis du groß bist, dann wirst du automatisch irgendwann erfahren es."

„Kann man Liebe auch kaufen?"

Er sah, dass die Kindergärtnerin Tränen in den Augen hatte.

„Ja, manche denken auch, dass sie ist käuflich", sagte sie leise.

Egal wen Kevin auch immer fragte, er bekam keine zufriedenstellende Antwort. Verdammt, irgendjemand musste doch wissen, was Liebe ist.

Die Schulzeit begann. Er war wirklich ein braver Schüler. Nachmittags machte er seine Hausaufgaben zusammen mit Hanna, seiner Tagesmutter, denn Papa musste ja arbeiten.

Als er sie eines Tages fragte, ob sie wisse, was Liebe sei, sagte sie: „Ja, ich weiß, was Liebe ist."

Kevin wurde hellhörig .

"Liebe kannst du nur bekommen, wenn du auch Liebe gibst."

„Heißt das, um Liebe zu erfahren, brauche ich immer jemand anderen?", fragte Kevin irritiert.

„Ja, so ist das leider."

„Wie fühlt sich das denn an?"

„Wenn du Liebe bekommst, ist das toll. Dein Herz wird dann ganz rot und warm.".

„Und was passiert, wenn ich alleine bin?"

„Na, dann wird das Herz farblos und kalt."

Und da beschloss Kevin, sich auf die Suche zu machen. Er wollte Liebe finden. Damit auch sein Herz so schön rot und warm sein konnte.

Als er in die Pubertät kam, plagte ihn die Akne. Immer wenn er in den Spiegel schaute, erfasste ihn Kummer. ‚So wird dich nie jemand lieben' grübelte er.

Sogar Papa sagte schon, dass die Pickel schrecklich aussehen. Und so blieb Kevin lange Zeit ohne Liebe.

Nach seiner Lehre als Schreiner, in der auch die Pickel endlich verschwanden, arbeitete er als Geselle. Er zog von zu Hause aus, um seine eigenen Erfahrungen zu sammeln. Wie es war, eine Wohnung zu haben und auf eigenen Beinen zu stehen. Außerdem besuchte er Seminare zur Persönlichkeitsentwicklung und entfaltete sich immer mehr.

Innerlich und äußerlich gereift lernte Kevin mit 36 Jahren Maike kennen. Sie hatte eine Werbung der Schreinerei gelesen, in der Kevin tätig war, und beschloss dort anzurufen, weil sie sich einen extravaganten braunen Holztisch für das Wohnzimmer schreinern lassen wollte.

Maike war eine bildhübsche junge Frau. Sie war so anders als andere Dreißigjährige. Sie plapperte nicht dümmlich drauf los, sondern dachte vorher nach, was sie sagen wollte. Weder interessierte sie der Konsumrausch, der andere Frauen ihres Alters ergriff, noch das exzessive Partymachen bis in die Morgenstunden, nach dem Motto: Wer ist die Schönste im ganzen Land! Maike war selbstbewusst genug, sie brauchte derartige Bestätigungen überhaupt nicht.

Kevin durfte für sie den Holztisch anfertigen. Von Anfang an war eine besondere Chemie zwischen den beiden. Sie trafen sich öfter. Erst beruflich, dann aber auch privat. Allmählich fing es an, zwischen den beiden zu knistern. Die Treffen wurden länger, vertrauter und die Nähe wuchs. Kevin hüpfte jedes Mal das Herz, wenn sie sich trafen. Bald merkte er, dass er sich in Maike verliebt hatte.

Eines Abends saßen sie auf der Veranda. Kevin hielt zärtlich Maikes Hand.

„Darf ich dich mal etwas fragen, Maike?“

„Aber klar doch“, entgegnete sie und küsste ihn sanft auf den Mund.

„Bisher konnte mir das niemand richtig beantworten, aber ich glaube, bei dir ist die Frage in guten Händen.“

Er macht eine kleine Pause, atmete tief durch. Dann fragte er: „Weißt Du, was Liebe ist?“

Maike strahlte ihn verliebt an.

„Warte mal, ich werde dir etwas holen gehen.“

Sie stand auf, verschwand für kurze Zeit im Haus und kam mit einer braunen Holzkiste wieder. Es war eine Art Schatztruhe. Sie musste erst einmal den Staub abwischen und gab sie dann Kevin, der die Kiste auf seinen Schoß stellte.

„Diese Kiste hat mir mein Opa geschenkt, als ich sechs Jahre alt war. Er sagte mir, dass sich darin ein Schatz befinden würde. Und zwar der Schatz der Liebe.“

Kevin wurde nervös. Schließlich ahnte er, dass er nun die Antwort bekommen würde, nach der er seit Jahren suchte. Er durfte die Kiste nun öffnen. Sie knirschte in den alten Scharnieren. Es kam zuerst nur silbernes Papier zum Vorschein. Behutsam legte er es beiseite und kramte tiefer. Er wühlte sich durch die Styropor-Teilchen, die ihn etwas Zerbrechliches erahnen ließen. Dann stieß er auf eine ovale Platte. Als er sie herausnahm, sah er, dass es sich um einen Spiegel, in Stein gefasst, handelte. Kevin blickte hinein und sah sein Gesicht.

„Mein Opa sagte mir damals: Kind, du trägst die Liebe in dir“, erzählte Maike, während sie Kevin betrachtete, „dein Herz strahlt in den schönsten Farben und du darfst dich selbst lieben – genauso wie du bist, denn du bist etwas Besonderes. Und du wirst sehen, wenn du dich selbst liebst, dann lieben dich auch die anderen. Jeder, der sich selbst liebt, strahlt. Du wirst zu einem Menschenmagnet, weil du dadurch deinen Mitmenschen mit Liebe begegnest, denn … die Liebe ist in dir. Denk immer daran, mein Kind.“

Maike verstummte und lehnte den Kopf an Kevins Schulter. Nun sah er neben seinem Gesicht auch ihres im Spiegel. Er lächelte.

Das Pferderennen

Vom ersten Tag an liebte Lisa ihr weißes Pferd. Sie liebte es, auf ihm zu reiten, und umsorgte es zärtlich.

Sie gab ihm gute Nahrung zu fressen und egal, welchen Platz ihr Pferd beim Rennen machte, sie stand hinter ihm und sagte ihm immer wieder: „Egal, welche Leistung du erbringst, ich liebe dich und werde dich immer lieben."

Rainer hatte sich ein schwarzes Pferd gekauft, um mit ihm Siege zu erringen. Er gab seinem Pferd die teuerste Nahrung und feuerte es beim Training an: „Komm Blacky, du schaffst das. Schneller, schneller, auf mein Junge … du wirst das beste Pferd überhaupt. Wir werden gemeinsam jeden Preis holen."

Beim nächsten Rennen in der Stadt gingen beide Pferde an den Start. Rainer war stolz wie Oskar, denn wie so oft gewann sein Pferd. Nach der Siegerehrung ging er mit ihm zum Stall.

„Und morgen trainieren wir gleich weiter, damit du beim nächsten Rennen noch besser bist. Gemeinsam schaffen wir das. Du bist eines der schnellsten Pferde, das ich kenne" motivierte er den Rappen und zog triumphierend nach Hause.

Lisas Pferd belegte nur den 4. Platz. Als sie ihr Pferd zur Box begleitete, sagte sie mit sanfter Stimme wieder: „Du weißt, ich liebe dich, gleichgültig, ob du gewinnst oder nicht. Es ist einfach wundervoll, dass es dich gibt. Ich liebe es, auf dir zu reiten. Wir werden zusammen alt."

Sie gab ihrem Pferd einen Kuss auf die samtweichen Nüstern und verabschiedete sich. Zufrieden und mit erfülltem Herzen ging sie heim. Glücklich, dass sie so ein Pferd ihr eigen nennen durfte.

Am nächsten Morgen war Aufruhr bei den Ställen. Als Lisa näher kam, wunderte sie sich über die vielen Leute, die mit betrübter Miene herumstanden. Reporter hielten Kameras auf Rainer, Mikrofone vor das Gesicht.

Er sagte mit bebender Stimme: „Mein Pferd ist heute Nacht plötzlich gestorben. Und DAS nach so einem hochklassigen Rennen."

Lisa drängte sich zu ihm durch und fragte: „Weiß man denn, woran Blacky gestorben ist?"

„Nein", erwiderte Rainer „ich verstehe es nicht. Eigentlich hatte mein Pferd ja alles, was es zu einem glücklichen Leben braucht."

Mein Geschwisterchen

Die Eltern hatten Miriams Zimmer blau gestrichen, als sie zur Welt kam. Dieses Blau strahlte Ruhe aus, und sie war ein ausgeglichenes Kind. Sie schlief immer schnell ein, weinte nicht viel und fühlte sich sichtlich wohl.

Drei Jahre nach Miriams Geburt kam ihr Schwesterchen Tina zur Welt. Nun bekam sie das blaue Zimmer und Miriam musste in das Zimmer nebenan umziehen. Obwohl es größer war, hell und luftig, fühlte sie sich von Anfang an darin nicht wohl. Aber Tina hatte Vorrang. Sie war das Baby.

Und so verbrachte Miriam viele Jahre in ihrem neuen Zimmer. Oft träumte sie schlecht, kam morgens nicht recht hoch. Das machte ihren Eltern Sorgen. Schließlich, als Miriam in die Pubertät kam, gestalteten sie das Zimmer um, in der Hoffnung, dass Miriam dadurch fröhlicher würde. Sie bekam Jugendmöbel, ein großes Bett, sogar eine Hängematte wurde in einer Ecke montiert. Miriams Eltern meinten: „Vielleicht kommst du dann mehr zur Ruhe. Da kannst du bestimmt wunderbar relaxen nach deinen Hausaufgaben."

„Können wir mein Zimmer blau streichen?", fragte Miriam erwartungsvoll.

Doch ihre Eltern sagten: „Aber nein, Kind, das ist doch langweilig, wenn beide Zimmer dieselbe Farbe haben."

Und ihr Zimmer wurde kurzerhand hellgrün gestrichen. Miriam war betrübt, aber arrangierte sich damit, auch wenn sie ein bisschen neidisch auf Tinas blaues Zimmer war. Sie rief sich selbst zur Ordnung sagte sich selbstberuhigend, dass ihre Schwester jünger war und das Nesthäkchen in der Familie.

Heute, zwanzig Jahre später, hat Miriam ihre eigene Wohnung. Als sie sich die Wohnung anschaute, sagte der Vermieter zu ihr: „Sie können alles so gestalten, wie Sie es möchten. Die Hauptsache ist, dass Sie sich wohl fühlen hier.", und in dem Moment, als sie den letzten blauen Pinselstrich im Schlafzimmer gemacht hatte, wusste sie, was ihr Jahre lang gefehlt hatte.

Wohlgefühl und Ruhe breitete sich in Miriams Herzen aus.

Der Weg zum Ziel

Jan war total unzufrieden. Ihn kotzte die Arbeit an, sein Chef war kaum zu ertragen, und wenn er heim kam, musste er auch noch die Meckereien der Eltern anhören. Er wollte einfach nur weg.

Deshalb ging er an seinem freien Tag kurzerhand auf dem Bahnhof zum Schalter und wollte sich ein Ticket kaufen. Der Bahnbeamte fragte, wo es denn hingehen soll. Jan meinte, das sei ihm egal. Hauptsache weg.

Der Bahnbeamte sagte zu Jan: „Junger Mann, es ist ja schön und gut, dass Sie weg wollen. Nur was soll ich in mein System eingeben? Welche Fahrkarte soll ich für Sie lösen? Ein Ticket nach irgendwohin gibt es nun mal hier nicht. Werden Sie sich klar darüber, wohin es gehen soll und kommen Sie dann wieder. Einfach weg zu wollen, wird Sie nicht ans Ziel bringen."

Und so ging Jan mit einigen Fragezeichen im Kopf nach Hause.

Die Reise zum Nordpol

Eines Abends, als Mamabär, Papabär und das älteste Bärenkind in der Höhle um das Feuer saßen, sagte das Bärenkind: „Ich will zum Nordpol und die Eisbären kennenlernen. Ich will wissen, wie die leben, wie sie so sind, und will schauen, ob ich dort auch einen Platz finde.“

Die Eltern waren erschrocken. Wie sollte ihr Kind das überleben? Konnte es für sich selbst sorgen? Viele Fragen stellten sich die Bäreneltern und sie wollten ihr Kind davon abhalten, diesen Schritt zu tun.

Doch das Bärenkind war fest entschlossen.

Als das Bärenkind dann mit Tantebär und Onkelbär sprach, wollten diese auch nicht glauben, was sie soeben gehört hatten.

„Hast du dir das auch gut überlegt?“ fragten sie. „Du kennst doch die Eisbären gar nicht. Was ist, wenn sie dich nicht mögen?“.

Auch der beste Bärenfreund vom Bärenkind war überrascht und hatte Angst, dass sich das Bärenkind in dem Vorhaben verrennen könnte. Das Bärenkind war sowieso manchmal ein kleiner Träumer und folgte seiner Intuition, ohne dabei der Realität ins Auge zu blicken.

Doch das Bärenkind war fest entschlossen.

Ja, das Bärenkind hatte immer schon einen eigenen starken Willen gehabt. So auch jetzt. Der Tag, an dem das Bärenkind losziehen wollte, rückte immer näher. Und es freute sich, endlich die weite Welt kennenzulernen. Es verabschiedete sich von seiner Bärenfamilie und marschierte los.

Schon auf dem Weg zum Nordpol wurde das Bärenkind mit allen möglichen Schwierigkeiten des Lebens konfrontiert. Es gab Tiere im Wald, die ihm gar nichts gönnten und nur auf sich bedacht waren. Andere gaben sich als Freunde aus und betrogen das Bärenkind nur, so dass es manchmal ganz schön verletzt, einsam und traurig war. Es gab mehrere Probleme auf seiner Wanderung. Als das Bärenkind zum Beispiel eine Wüste durchquerte, gab es weit und breit nichts zu essen und trinken. Zum Glück hatte das Bärenkind sich Wasser eingepackt. Doch das ging schnell zur Neige, und es überlebte geradeso.

Doch egal, wie schlecht die Zeiten auch waren: Das Bärenkind war fest entschlossen, nicht aufzugeben, um endlich das Ziel zu erreichen.

Ein paar Monate später, nachdem das Bärenkind kreuz und quer durch die Wälder geirrt war, gelangte es endlich zum Nordpol. Die Eisbären staunten nicht schlecht, als sie das braune Bärenkind entdeckten. Und obwohl sie völlig unterschiedliche Felle hatten, näherten sie sich einander an. Das Bärenkind konnte in einer Eishöhle unterkommen, wo es auch ganz nett und warm war, aber irgendwie ganz anders als zu Hause.

Es vergingen Jahre, das Bärenkind hatte inzwischen gelernt, wie man für sich sorgt, wo man Essen jagen konnte, und es hatte während seiner Reise sowie am Nordpol selbst auch Bären kennengelernt, die seine Freunde wurden. Und dennoch: Irgendwie war alles anders als in seiner Heimat.

Und dann wurde das Bärenkind krank. Es lag in seiner Eishöhle. Ab und zu bekam es Besuch von seinen Eisbärenfreunden, doch die hatten selbst genug mit sich zu tun, und das Bärenkind fühlte sich allein. Da fiel ihm auf, wie sehr ihm seine Familie fehlte. Es wurde mit der Zeit immer trauriger.

Es schrieb regelmäßig Briefe an seine Familie und erfuhr in einer Antwort, dass Schwesterbär und auch Bruderbär kleine Kinderbären erwarteten. Und die Sehnsucht zurückzugehen, wuchs noch mehr.

Und dann war das Bärenkind wieder fest entschlossen.

Es verabschiedete sich von den Eisbärfreunden, seinen „Lehrern“, die ihm gezeigt hatten, wie man am Nordpol jagt, und machte sich auf den Heimweg zu seiner Familie. Die Schlittenhunde zogen ihn einen langen Weg über das Eis, damit das Bärenkind schneller vorankam. Auf dem restlichen Rückweg begegneten ihm komischerweise nur noch Tiere, die ihm halfen, Gutes taten und wohlgesonnen waren. Ob sich das Bärenkind durch die Reise zum Nordpol so verändert hatte? So sehr, dass es nun andere Tiere anzog als auf der Hinreise? Das Bärenkind war froh darüber, denn die Reise zurück kam ihm dadurch viel kürzer vor.

Nach ein paar Wochen wurde das Bärenkind immer aufgeregter, es wusste ja, dass es nicht mehr lange dauert würde, bis es die Höhle von Mamabär und Papabär erreicht hatte. Und dann kam der Tag! Am Hügelrand sah das Bärenkind die Elternhöhle. Es strahlte warmes Licht heraus. Voller Freude rannte es weiter und wusste: „Hier bin ich zu Hause!“

Alle freuten sich, dass das Bärenkind wieder da war. Es wurde ein großes Fest gefeiert, das bis in die Morgenstunden dauerte. Die Bärenfamilie tanzte, sang und brummte froh zusammen. Es war ein toller Abend und das Bärenkind dachte, während es sich zum Einschlafen ins Moosbett kuschelte: Eigentlich hat sich ja nichts verändert. Ach doch – eins schon: Ich bin jetzt eine Bärenfrau.

Elternliebe

„Papa ist nie für mich da, wir können nicht vernünftig miteinander reden! Durch die dauernden Geschäftsreisen entfernen wir uns immer weiter voneinander“, beschwerte sich die Mutter bei Melinda, ihrer neun-jährigen Tochter. Melinda hatte ihre Mutter schon oft getröstet.

Und so sagte sie auch dieses Mal wieder: „Mama, das wird bestimmt wieder. Papa hat dich doch lieb oder?“

Die Mutter senkte den Kopf und sagte weinerlich: „Ja, ich glaube das hat er.“

Melinda nahm sie in den Arm, damit es ihr wieder gut ging.

Als ihr Papa am Wochenende nach Hause kam, fragte sie ihn: „Du, Papa, wenn du die ganze Woche über fort bist, denkst du da auch an Mama?“

Der Papa sagte: „Aber natürlich! Obwohl sie auch oft an mir rummeckert.“

Melinda dachte kurz nach, aber da sie ihren Papa liebte und wollte, dass es ihm gut geht, sagte sie tröstend: „Das wird bestimmt wieder. Mama hat dich doch lieb oder?“

Melindas Vater ignorierte die Frage und sagte: „So mein Kind, ich muss jetzt noch arbeiten, wir sehen uns später wieder, ok?“

Sie nickte und ging nachdenklich fort.

Melinda kränkte sich, wenn ihre Mutter litt, sie sorgte sich, wenn ihr Vater traurig war. Stets stand sie zwischen den Eltern, machte sich Gedanken um deren Beziehung und besprach mit ihnen, was die Eltern miteinander hätten ausmachen müssen. So entwickelte sich Melinda zu einem Menschen, der sich ständig um andere kümmerte.

Als Melinda erwachsen war, erkannte sie, welch emotionalen Abhängigkeiten sie mit ihren Eltern pflegte, dass sie diese Muster weiterlebte, obwohl ihre Eltern schon verstorben waren. Muster, die sich in der Kindheit entwickelt hatten.

Sie achtete wenig auf sich selbst, dafür sorgte sie sich übermäßig um ihre Kinder. Sie versuchte, ihrem Mann alles recht zu machen, vergaß sich selbst dabei jedoch völlig und opferte sich regelrecht für die Familie auf. Denn in der erwachsenen Melinda steckte ein verletztes Kind, welches sich nie mit Mutter und Vater ausgesöhnt hatte.

Sie besuchte Familienaufstellungen und Kurse zur Persönlichkeitsentwicklung, um sich und ihrem Herzen näher zu kommen. Sie erkannte auf einmal vieles sehr klar und ging durch das Tal der Tränen, der Schmerzen und Aggressionen. Sie wusste, dass sie es für ihre Kinder und ihren Mann tut, aber in allerersterer

Linie für sich! Denn sie war sich sicher, dass alle Muster, die jetzt gelöst werden, keinen Einfluss mehr auf sie haben würde.

Auf ihrem Weg zur Heilung entdeckte sie wieder die Liebe in sich, die lange Zeit von Sorgen, Ängsten und Leid zugeschüttet war. Sie tat nun die Dinge, die ihr Herz vor Freude hüpfen ließen. Melinda entfaltete ihre Fähigkeiten und Stärken immer mehr und konnte auch beruflich die Wege einschlagen, die sich schon immer wünschte. Auf die Frage „Wer bin ich?" hatte sie endlich eine Antwort. Sie lautete: Ich bin!

Eines Tages, Melinda stand am Grab ihrer Eltern und sagte mit Tränen in den Augen: „Lieber Papa, liebe Mama, ich danke euch für alles, was ihr mir geschenkt habt. Nämlich MEIN LEBEN. Auch wenn ich jetzt einige Zeit nicht am Grab war, weil ich es nicht konnte und diesen Abstand brauchte, so wollte ich euch jetzt etwas sagen, was mir wichtig ist: Ich liebe Euch!

Und so wurde aus Abhängigkeit Liebe, die von Herzen kam.

Veränderungen begegnen

Felix, das Schaf, fühlte sich nach dem Scheren immer so nackig. Es war so ungewohnt ohne sein wärmendes Fell. Er weigerte sich ab sofort, sich scheren zu lassen. Wenn der Schäfer mit der Schermaschine kam, bockte er rum und der Schäfer bekam ihn nicht zu fassen.

„Warum soll ich meinen gewachsenen Pullover nicht behalten", sagte Felix störrisch zu den anderen Schafen. Diese schüttelten nur den Kopf und konnten nicht nachvollziehen, wieso Felix an etwas festhielt, was ihm eigentlich gar nicht gut tat.

Felix' Wolle wurde mit der Zeit immer dreckiger, Flöhe und Ungeziefer hatten sich inzwischen eingenistet und er wurde immer wehleidiger. Er klagte über die Dreckklumpen, die an ihm runter hingen und musste sich ständig kratzen.

„Dann lass dich doch scheren!" ermunterten ihn die anderen Schafe.

Aber Felix sagte verzweifelt: „Aber das alte Fell, das wärmt mich so schön. Das neue braucht wieder ewig, bis es nachwächst."

Und so ging es einige Monate, bis Felix so sehr litt, dass er sich doch scheren ließ. Der Schäfer war froh darum, denn er wusste, dass es Felix nun besser gehen wird.

Kurze Zeit später wuchs das neue Fell wieder und er beschloss für sich: „Ab sofort werde ich mich immer wieder scheren lassen. Es ist zwar schön, vom alten Fell gewärmt zu werden, aber auch ans neue gewöhnt man sich wieder schnell. Und welche Reinheit ich durch das Scheren erlangt habe, einfach herrlich befreiend."

Im Fluss des Lebens

Eigentlich wollte ich ja bloß im Fluss schwimmen gehen, doch eh ich mich umsah, kam eine Strömung und wollte mich mit sich hinein ziehen. Ich hätte jetzt ganz in Ruhe weiter schwimmen können, aber irgendwie erschien es mir doch sicherer, mich am Ufer festzuhalten.

Ja, da war Land, und ich wusste, die Bäume werden so schnell nicht ausreißen. Deshalb krallte ich meine Finger um die braunen starken Äste. Ab und zu kamen andere an mir vorbei geschwommen und fragten mich, ob ich nicht lieber in Ruhe mitschwimmen will. Aber ich meinte, dass ich die Sicherheit an Land brauche, sonst bekäme ich Angst. Schließlich wüsste ich ja nicht, was kommen würde.

Ein anderer Schwimmer bot mir einen Rettungsring an, aber ich meinte, da könnte ja auch die Luft rausgehen. Und so verharrte ich am Flussufer, so dass mir bald meine Finger weh taten.

Und dann tauchte plötzlich ein Schiff auf. Es erzeugte eine riesige Welle, die über mich hinweg schwappte. Ich verlor den Halt am Ufer, ließ die Äste los, tauchte unter Wasser und als ich wieder hochkam, schnappte ich nach Luft. Nachdem ich mich wieder beruhigt hatte, schwamm ich eine Weile mit dem Strom.

Nach einer kurzen Zeit gelangte ich an eine ganz ruhige Stelle im Fluss. Das Wasser war hier klar, ich konnte sogar die Fische am Grund erkennen und erfreute mich an ihren Schwimmkünsten. Herrlich, diese Natur, dachte ich und legte mich auf den Rücken. Ich ließ mich einfach treiben. Ein tolles Gefühl.

Hätte ich das mal vorher gewusst …

Mein Leben

Mirko war 42 Jahre alt und ein großartiger Mann. Alle konnten ihn gut leiden. Streit mit Mirko war nahezu unmöglich.

Seine Frau war total stolz auf ihn. Denn als Ortsbürgermeister war er überaus angesehen. Die Gemeinde kam immer wieder mit neuen Anregungen zu ihm. Und er tat alles dafür, dass die Bürger glücklich waren.

Außerdem war er ein Computergenie und half, wo er helfen konnte. Seine Eltern erzählten jedem, wie toll er war. Wie flott er den PC repariert hatte. Und dass er auch sonst Höchstleistungen erbrachte.

Im Schwimmen schaffte er in 22 Minuten 1000 Meter. Deshalb wurde er auch gefragt, ob er nicht die Kids trainieren wolle. Mirko fühlte sich geehrt und übernahm auch diesen Posten.

Wenn seine Freunde über ihn sprachen, sagten sie Sätze wie „Mirko ist toll, wenn ich etwas brauche, ist er sofort zur Stelle.“ „Wenn ich Probleme habe, Mirko hört mir immer zu, er ist auch immer so gut gelaunt.“ „Mirko kann sich super anpassen. Er ist überall beliebt.“

Und dann klingelte irgendwann das Telefon seiner Frau auf der Arbeit. Mirko hatte versucht, sich mit Tabletten das Leben zu nehmen. Er hatte überlebt, lag aber noch auf der Intensivstation.

Die Ärzte gaben seiner Frau Mirkos Klamotten. Sie hatte Tränen in den Augen und konnte das Schluchzen kaum zurück halten. Sie setzte sich in den Gang vor sein Zimmer, um zu sich zu kommen.

Wie hatte das passieren können? Viele Fragen schossen durch ihren Kopf. Sie war völlig verzweifelt.

Sie kramte in den Taschen von Mirkos Jeans und fand einen zusammen geknüllten Zettel. Darauf standen folgende Worte: „Mein Leben hat allen gefallen, nur mir nicht."

Hast du Angst vor dem Tod?

Omi, wie sie liebevoll von ihrem Urenkel Henri genannt wurde, saß mit 86 Jahren in ihrem Schaukelstuhl und genoss die Zeit, die sie mit ihm verbringen durfte. Wenn er das Wohnzimmer betrat, strahlte ihr Gesicht und ihre Augen leuchteten. Auch wenn sie sich nicht mehr so bewegen konnte wie sie wollte, mit ihrem Rollator kam sie immer noch bis zum Süßigkeitenschrank, um Henri zu verwöhnen.

Wenn sie mittags das Essen vom Pflegedienst serviert bekam, konnte man sich darauf verlassen, dass zur rechten Seite ihre Katze Mucki und zur linken Seite Henri mitessen durften. Sie war eine herzensgute Uroma, und Henri genoss es, dass er von ihr so viel Aufmerksamkeit bekam. Ihr Urenkel war für sie ein Geschenk des Himmels, das sie noch erleben durfte.

Sie strickte, wann immer sie die Kräfte dazu hatte, löste Kreuzworträtsel und legte Patience-Karten, um die Zeit sinnvoll zu nutzen. Sie war viel allein, obwohl sie auch von der Familie Besuch bekam. Sie war dankbar dafür, dass sie nicht im Altenheim sitzen musste, sondern von ihren Töchtern im selben Ort, und einem Pflegedienst, der täglich kam, versorgt wurde.

Doch irgendwann bekam sie aus heiterem Himmel argen Durchfall. Die Kräfte verließen sie von Tag zu Tag mehr. Zwei Tage lang begleitete die Tochter, die gegenüber wohnte, ihre Mutter und wusste im Innersten, dass der liebe Gott die Uhr gestellt hatte. Die Schwäche in ihrem Körper und der starre Blick ließen nichts Gutes erahnen. Die Tochter rief noch den Krankenwagen, weil sie hoffte, dass man doch noch etwas tun konnte, aber nur zwei Stunden später schlief die alte Dame im Beisein ihrer drei Kinder ruhig und friedlich ein.

Obwohl sie sehr friedlich gestorben war, und jeder wusste, dass alles gut war, weinte die Familie und trauerte. Es war klar, dass Henri mit seinen vier Jahren davon nichts mitbekommen sollte. Doch der Leichenbestatter leistete großartige Arbeit und sagte, dass Kinder damit ganz anders umgehen würden. Es wäre genau das richtige Alter, um Henri auch mit in die Leichenhalle zu nehmen, damit er sich von Omi verabschieden durfte.

Henri ging also mit seinem Vater zu seiner Omi in die Leichenhalle. Damit er sie besser sehen konnte, nahm sein Vater ihn auf den Arm.

Als Henri Omi sah, sagte er: „Papa, wenn ich mal sterbe, will ich auch so viele Kissen haben.“ Dann schaute er Omi eine Weile an und meinte: „Und ich wollte auch noch danke sagen für das viele Essen, was ich immer bei dir bekommen habe."

Alle aus Omis Familie wussten von diesem Tag an, dass der Tod selbst nichts Bedrohliches darstellt. Die Angst vor ihm ist konstruiert, so wie jede andere Angst auch. Das hat Henri uns mit seinen vier Jahren gezeigt. Danke Henri!

Rita, mein Name ist Rita

„Hey Süße", begrüßte Frau N. ihre Kundin Rita, als sie ihr die Tür der Praxis öffnete.

Rita ging bereits zwei Jahre zu ihr, hatte aber schon länger das Gefühl, dass sie nicht mehr richtig weiter kam in ihrer persönlichen Entwicklung. Die Therapie war okay, aber irgendwie trat sie derzeit auf der Stelle. Minderwertigkeitsgefühle waren an der Tagesordnung.

Und nun war der Zeitpunkt gekommen, sich zutrauen, dieses Thema offen anzusprechen. Die Therapeutin Frau N. fand das toll und sprach sogar eine Empfehlung zu einem Kollegen aus, der Lerntherapeut war und sich viel mit Kindern beschäftigte. Mit den kleinen, aber auch mit den großen Kindern.

Rita zögerte nicht lange. Sie vereinbarte einen Termin bei Herr P., der ihr von Anbeginn sympathisch war. Er ließ sie viel malen und durch seine Begleitung und Fragen kamen seelische Blockaden und negative Verhaltensmuster in Ritas Bewusstsein, die vorher unbewusst abgelaufen waren.

Sie arbeiteten gemeinsam an neuen Lösungsansätzen und Rita entwickelte sich allmählich weiter. Während einer Sitzung kam zur Sprache, dass sie von ihrer Mutter immer noch ‚Ritilein' genannt wurde. Herrn P.

war es wichtig, dass Rita verstand, dass Liebkosungen zwar in Ordnung seien, aber diese Verniedlichungen würden auch oft das Verhältnis der betreffenden Personen zueinander spiegeln. Aus dem Blickwinkel betrachtet, könnte es durchaus sein, dass Menschen, die sich selbst klein fühlen, andere Menschen verniedlichen, um weiterhin auf Augenhöhe zu bleiben. Und während Herr P. noch erzählte, fielen Rita die Schuppen von den Augen.

Ihre Mutter hatte nie gewollt, dass Rita erwachsen wird. Sie wurde ganz eklig, als Rita in eine eigene Wohnung zog, und wenn sie einen Mann mit nach Hause brachte, konnte sich ihre Mutter nie mit ihr freuen, sondern moserte immer rum, sodass Rita irgendwann keine Lust mehr hatte, ihre Freunde den Eltern vorzustellen.

Ihre Mutter klammerte, wo es nur ging.

Rita überprüfte innerlich in Sekundenschnelle ihre Freundschaften und Verwandten. Wen sie selbst verniedlichte, und ob vielleicht auch Menschen darunter waren, die sie nicht ‚für voll' nahm. Ab dem Zeitpunkt nannte sie ihre Cousine nicht mehr Kusinchen, sondern Beate. Und es gab etliche Menschen im direkten Umfeld, bei denen Rita das ab sofort änderte.

Aber damit nicht genug. Auch beruflich begegnete ihr das Thema häufig. Sie arbeitete fast nur mit Männern zusammen. Der eine nannte sie „Püppi", der andere „Schatzi", und jetzt, wo sie das wusste, erkannte sie, dass sie sich deswegen auch in der Firma oft minderwertig und klein vorkam.

Als sie am nächsten Tag in die Firma kam, rief Manfred schon aus seinem Büro: „Guten Morgen Püppi!"

Rita nahm allen Mut zusammen, ging zu ihm hin, lächelte ihn an und sagte mit dem nötigen Ernst in der Stimme: „Ab heute heiße ich Rita!"

Manfred war ziemlich irritiert und nickte stumm mit großen Augen. Dann drehte sie sich um, schaute kurz in den Spiegel, der im Flur hing, zwinkerte sich selbst zu und ging mit einem ganz anderen Gefühl an ihre Arbeit als sonst.

Stürme des Lebens

Vor vielen Jahren setzte ein Bauer auf einem Ackerfeld, wo weit und breit nichts zu sehen war, eine kleine Eiche. Er goss sie liebevoll und glaubte daran, dass sie eines Tages groß und stark werden würde. Er vertraute darauf, dass die Wurzeln der Eiche tief in die Erde wachsen würden, wenn er das Pflänzchen stets achtsam pflegte. Er wusste, dass die Eiche den Mut haben wird, sich zu zeigen, so wie sie ist: In voller Pracht – groß und stattlich, wie eine deutsche Eiche eben.

Und so wuchs die Eiche Jahr für Jahr ein paar Zentimeter. Der Bauer erfreute sich an ihrem Wachstum.

Die Leute im Ort suchten die Eiche auf, um Kraft zu tanken. Inzwischen stand sogar eine kleine Holzbank mitten auf dem Ackerfeld vor dem schönen großen Baum. Wenn man dort saß, bemerkte man, welch besonderen Wohlfühl-Platz der Bauer geschaffen hatte. Dort war nichts, nichts außer der Natur. Ein tolles Fleckchen, um inne zu halten.

Doch eines Tages wurde ein kleiner Orkan gemeldet. Die Leute im Ort hatten Angst um die Eiche, und dass sie den Sturm vielleicht nicht überlebt. Doch der Bauer vertraute. Denn er wusste, dass dieser

Baum schon andere Stürme überlebt hatte. Der Orkan fegte um die Eiche, die dadurch einige Äste verlor. Als die Ortsansässigen am nächsten Tag zur Ei che gingen, sahen sie, wie mitgenommen sie aussah. Dennoch stand ihr Stamm fest verwurzelt in der Erde. So fest, dass sich einige Monate später wieder neue Äste gebildet hatten und die Eiche in ihrem gewohnten Glanz erstrahlte.

Die Eiche überlebte noch andere heftige Stürme. Und wenn sie sprechen könnte, würde sie dem Bauer wahrscheinlich danken. Dass er sie von Anfang an beim Wachstum so unterstützt hat. Denn der Bauer legte die Basis der Wurzeln von Mut, Vertrauen, Glauben und Liebe. Und genau das ist es, was diese Eiche jeden Sturm überleben lässt.

Tapetenwechsel

„Wollen wir nicht einfach mal wegfahren?", fragte Pia ihre Freundin Helga, denn sie brauchte dringend einen Tapetenwechsel. Sie klagte über alles Mögliche: Ihr Chef fauchte sie ständig an, als alleinerziehende Mutter nervten sie die Kinder oft, weil sie einfach nicht auf das hörten, was Pia ihnen sagte, und ihr Freund verhielt sich auch plötzlich sehr seltsam ihr gegenüber. Zeitweise konnte man fast denken, dass sie in einer Depression hing, so schlecht ging es ihr.

„Wieso willst du denn wegfahren?", fragte Helga ihre Freundin.

„Na, um alles eine Weile hinter mir zu lassen und durchzuatmen", antwortete Pia.

Helga schaute sie mit ernstem Gesichtsausdruck an: „Glaubst du wirklich, du findest Antworten, wenn du in die Ferne schweifst?"

Pia kannte die Antwort schon. Sie wusste aus vergangenen Phasen, die sie durchlebt hatte, dass ein Abschweifen in die Ferne sie nur noch weiter von ihren inneren Antworten entfernte. Sie hatte kürzlich in einem Buch gelesen: „Wenn du immer wieder dasselbe tust, was dir nicht geholfen hat, mach' einfach etwas anderes." Also traf sie kurzerhand eine Entscheidung. Sie meldete sich bei einem Yoga-Kurs an und nutzte regelmäßige Termine bei einem Gesundheitscoach. Außerdem setzte sie sich in ihren freien Zeiten weniger vor den Fernseher, sondern spazierte in die Natur hinaus, um Kraft zu tanken.

Drei Monate später trafen die beiden Freundinnen sich wieder. Pia war wie ausgewechselt und sprühte geradezu voller Lebensfreude.

Helga meinte: „Wie ich sehe, hast du deine Tapete nun gewechselt. Ohne in die Ferne zu schweifen, sondern mit einem fragenden Blick in dein Innerstes, welches Farb-Muster deiner Seele gut tut.

Abhängigkeiten erkennen

Sibylle und Caro, beide 32 Jahre alt, fuhren das erste Mal gemeinsam an die Nordsee. Bisher war Caro immer mit ihren Eltern verreist, weil sie sich gut verstanden, und sie keinen Grund sah, sich davon zu lösen, obwohl ihr manchmal die Bevormundung und die Fürsorge schon auf die Nerven gingen. Aber das nahm sie gerne in Kauf, da ansonsten immer alles reibungslos verlief, und sie sich auch um nichts großartig kümmern musste. Es war alles sehr bequem. Deshalb war es nun für Caro schon etwas Besonderes, mit ihrer Freundin Sibylle in Urlaub zu fliegen.

Als sie ankamen, wollten sie sofort ans Meer. Sibylle lag am Strand, während Caro vorsichtig durchs Wasser watete. Es war Ebbe, das Wasser ruhig, und sie konnte wunderbar am Strand entlang laufen. Sie suchte nach schönen Muscheln und vergaß dabei völlig die Zeit. Dann watete sie noch durch das Wasser und genoss es, nichts tun zu müssen. Caro merkte nichts, bis auf einmal das Wasser ihre Oberschenkel umspielte. Wie angewurzelt blieb sie stehen, das Wasser stieg bis zu ihren Hüften.

Sie rief: „Sibylle, das Wasser steigt immer mehr, es steht mir gleich bis zum Hals, kannst du mich bitte holen kommen?“

Sibylle schaute etwas verwundert von ihrem Buch hoch und meinte: „Wieso soll ich dich holen kommen? Hast du dich verletzt?“

„Nein“, meinte Caro, „aber bisher in den Urlauben kam Papa mich auch immer holen, wenn mir das Wasser bis zum Hals stand.“

Sibylle entgegnete schmunzelnd: „Er hatte wohl vergessen, dass du schon seit der Grundschule schwimmen kannst. Also schwimm!“

Vom Dunkel ins Licht

Dem Dunkel ging es nicht so gut, es fühlte sich oft allein und wusste nicht genau, wie es weitergehen sollte. Oft tappte es auf der Stelle, wollte aber auch keine Hilfe, denn es dachte, man müsse alles allein schaffen. Und so vergingen Tage, Monate und schließlich Jahre.

Bis eines Tages durch einen Türspalt das Licht erschien. Ganz fasziniert von dieser Helligkeit stellte das Dunkel dem Licht eine Frage: „Sag' mal Licht, wie hast du es geschafft, so hell zu werden? Du strahlst so, dass du mich mit deiner Ausstrahlung wirklich sehr faszinierst"

Das Licht antwortete: „Weißt du, liebes Dunkel, ich habe vor langer Zeit, als ich noch recht jung war, die Mutter der Farben um Hilfe gebeten, weil es mir nicht gut ging. Sie führte mich in einen großen Palast, in dem viele Räume mit den unterschiedlichsten Farben waren."

Das Dunkel war begeistert und fragte, was sich danach verändert hätte.

„Nachdem ich die wunderbaren Farben in ihrer Vielfalt kennenlernte, wusste ich plötzlich, welche Möglichkeiten für mich bestehen", antwortete das Licht vergnügt. „Ich erkannte, wann ich welche Farbe für mich nutzen konnte und so hellte sich meine Stimmung immer mehr auf. Und plötzlich strahlte ich selbst so stark, dass die Farbenmutter zu mir sagte, ich sei so außergewöhnlich hell, sodass sie mich ab dem Tag ‚Licht' nannte."

Das Dunkel nahm all seinen Mut zusammen und fragte das Licht: „Weißt du, wo dieser Palast ist? Kannst du mich auch dorthin bringen? Meinst du, ich könnte das auch lernen?"

Das Licht nahm das Dunkel an die Hand und sagte: „Aber klar doch, liebes Dunkel. Wir müssen nicht alles allein machen. Wir sollten uns in dunklen Zeiten nur trauen, um Hilfe zu bitten, denn Lösungen findet man gemeinsam meist leichter. Heute weiß ich, dass ich alles in mir habe, aber ich brauchte jemanden, der mich darin unterstützte, es in meinem Innersten zu erkennen und sichtbar zu machen.

Das Dunkel seufzte erleichtert. „Danke, liebes Licht, ich wusste das bisher nicht und freue mich schon darauf, meinen eigenen Weg zu finden. Vielleicht bekomme ich ja auch schon bald einen eigenen Namen."

Es zwinkerte dem Licht zuversichtlich zu.

Die Sache mit den Wünschen

Sabine arbeitete in einer Computer-Firma, die gerade einen Coach engagiert hatten. Er sollte das Team, das sich auseinander gelebt hatte, wieder näher zusammen führen. Sabine nutzt die Pause, um mit dem Coach auch persönlich zu sprechen, weil sie alles, was er sagte, interessant und aufregend fand. Er war offen, ehrlich und auf seine Art auch sehr herzlich. Er holte die Leute dort ab, wo sie gerade standen.

Sie erzählte ihm in diesem Gespräch, wie sehr sie sich wünschte, dass ihr Mann ihr öfter seine Liebe gesteht. Dass er ihr sagt, was er fühlt. Und sie wünschte sich auch, dass die Kinder sie mehr achten. Manchmal würde sie sich so allein fühlen. Auch wäre es toll, wenn ihre Eltern sie endlich so nehmen würden, wie sie ist. Aber ständig machten sie sich Sorgen um Sabine und äußerten ihre Ängste.

Der Coach guckte Sabine an und meinte: „Sabine, wenn du dir ständig irgendetwas von anderen Menschen wünschst, so ist das gut und schön. Nur wo bleibt die Selbstverantwortung? Mit den Wünschen bist du mit deiner Aufmerksamkeit bei den anderen und wünschst dir bloß im Außen, was du selbst im Inneren nicht bekommen kannst. Schluss mit Wünschen! Schicke deine Wünsche sonst wohin. Genug gewünscht, und was ich vor allem auch glaube: Genug gequatscht und gebettelt. Liebe dich selbst, achte dich selbst und nimm dich so an, wie du bist. Denn dann brauchst du es dir von niemand anderem mehr wünschen."

In Liebe verzeihen

Die drei Geschwister Erwin, Bernd und Klaus hatten sich zerstritten, als die Eltern bei einem Verkehrsunfall ums Leben kamen. Sie waren sich wegen dem Erbe nicht einig geworden. Notariell war nichts festgelegt worden von den Eltern, die Söhne sollten nach bestem Wissen und Gewissen das Erbe, welches nicht klein war, aufteilen. Da Bernd sich aber bereits bei den Eltern im Vorfeld Geld geliehen hatte, hätte er eigentlich weniger bekommen müssen. Nur das sah Bernd gar nicht ein. Danach gingen die Brüder im Streit auseinander und sahen sich fast dreißig Jahre nicht.

Als Klaus sechzig Jahre alt wurde, plante er ein großes Fest. Er sprach mit Erwin, ob es nicht an der Zeit wäre, mit Bernd Frieden zu schließen. Erwin war auf der einen Seite dafür, auf der anderen Seite war er immer noch verbittert. Aber sie beschlossen gemeinsam, Bernd anzurufen und sich noch vor dem Fest mit ihm zu treffen. Bernd sagte erstaunlicherweise auch sofort zu.

Sie trafen sich an einem Mittwochabend in der Dorfkneipe. Als Bernd auf die beiden zukam, lief Klaus ihm entgegen und umarmte ihn herzlich. Erwin blieb wie angewurzelt stehen und konnte Bernd zunächst nur die Hand zur Begrüßung reichen.

Nach dem Treffen fragte Erwin seinen Bruder Klaus: „Sag mal, Klaus, wieso konntest du Bernd sofort herzlich umarmen?“

„Weißt du, ich habe Bernd schon länger verziehen. Als mir klar wurde, dass verzeihen letztendlich nur etwas mit mir selbst zu tun hat, wollte ich den Groll, den ich da über Jahre mit mir rumschleppte, ablegen. Wer nicht verzeiht, tut sich selbst am meisten weh. Und die Gefühle von Wut, Zorn, Ärger oder Hass spiegelten sich bereits in meinem Körper als Krankheit wieder. Somit wusste ich: Wenn ich nicht verzeihe, zerstöre ich mich mehr und mehr selbst. Und das wollte ich nicht. Ich wollte leben und gesund sein. Wenn ich die Verantwortung für meine Gefühle abgebe und dafür bei Bernd die Schuld suche, verharre ich in einer Sackgasse, die mich nur mehr und mehr ins Leid führt. Immer wieder kreisten meine Gedanken um Bernd, den „Täter“ und seine „böse Handlung“. Dies band Unmengen seelischer Energie in mir und beeinträchtigte mein halbes Leben. Es war für mich irgendwann an der Zeit, aus dieser Opferrolle auszusteigen. Um Bernd zu verzeihen, brauchte ich ihn nicht. Dies konnte ich ganz allein für mich tun. Und es war befreiend und erleichternd zugleich. Ich bin froh, dass dieses Kapitel endlich ruhen darf und der Vergangenheit angehört.“

Der Umgang mit Ängsten

Patrick war mit seinen neunzehn Jahren ziemlich reif und vor allem lernbereit. Er wollte sein Leben meistern, so gut es ging, in Achtsamkeit mit sich selbst und mit den anderen Menschen. Doch er hatte eine Schwäche: Er konnte nicht auf andere Menschen zugehen, war extrem schüchtern und traute sich selbst wenig zu. Um etwas lockerer zu werden, griff er in Gesellschaft gerne zum Alkohol.

Sein Patenonkel Klaus hatte ihm viel mit auf den Weg gegeben. Seitdem er wusste, dass er an Krebs erkrankt war, wollte er sein Leben, so gut es ging, genießen. Er hatte Patrick zwei Wochen auf eine Insel mitgenommen, wo sie ohne Strom und Wasser in einem Holzhaus lebten, damit Patrick sieht, worauf es im Leben wirklich ankommt.

Damals hatte er verstanden, dass nicht die äußeren Werte wichtig sind, sondern die inneren. Das, was jeder in sich trägt.

Patrick war damals wie verändert, als er von der Insel heimkam. Er trank nicht mehr so viel Alkohol wie vorher, wenn er mit seinen Kumpels rausging. Er wanderte häufig in die Natur hinaus, um die Stille zu genießen, denn er wusste nun, dass alle Antworten auf seine Fragen in ihm selbst zu finden waren. Aber dazu brauchte er Ruhe. Oder einen Menschen, der ihm half, die Antworten sichtbar zu machen. Wenn er nicht weiter wusste, suchte er seinen Patenonkel auf.

Doch Klaus hatte nun Krebs im Endstadium und Patrick wusste, dass er sterben würde. Er besuchte seinen Patenonkel oft, denn er wollte jede Minute mit ihm genießen, da er so viel Lehrreiches aus seinem Leben berichtete.

Doch dann kam der Tag, der kommen musste, und sein Patenonkel ging ins Licht. Patrick war unendlich traurig. Aber er wusste, dass ihm niemand nehmen konnte, was sein Onkel ihm geschenkt hatte.

Obwohl er seine Schwäche kannte und Angst hatte vor einer Menschenmenge zu sprechen, bat er darum, in der Kirche etwas sagen zu dürfen.

Als die Trauerfeier fast zu Ende war, trat Patrick an das Mikrofon. Alles war still, und besonders die Familie war gespannt, was Patrick zu sagen hatte. Er räusperte sich, um die Tränen zu unterdrücken. Die Angst, vor einer Menge von Menschen zu sprechen, verstärkte sich. Er schluckte. Aber er wollte etwas sagen. Das war Patrick wichtig.

Und dann begann er mit zittrigen, leisen Worten: „Ich bin meinem Patenonkel dankbar für alles, was er mit mir geteilt und auf den Weg mitgegeben hat. Er sagte mir, dass ich Angst nur überwinde, wenn ich genau das tue, wovor ich mich fürchte. Und deshalb stehe ich nun hier …“

Die Stimme des Herzens

Gerlindes CD war schon seit drei Wochen in den Top Ten der Single-Charts. DAS hätte sie sich mit 39 Jahren niemals träumen lassen, so spät im Leben noch eine Gesangskarriere zu machen.

In einem Interview wurde sie gefragt, wieso sie jetzt erst ihren Durchbruch feierte.

„Ach, wissen Sie, das ist eine lange Geschichte. Schon als Kind sagte ich oft zu meinen Eltern, dass ich gerne Sängerin werden möchte. Mein Vater tat das immer ab und meinte, ich solle etwas Gescheites lernen. Als ich dann achtzehn war, lernte ich durch Zufall eine Tanz-Band kennen, mit der ich mich unheimlich gut verstand. Wir kamen ins Gespräch und irgendwann stellte sich heraus, dass sie eine Sängerin suchten. Ich sagte zu, ohne darüber nachzudenken. Doch daraus wurde ganz flott ernst.

Die Band hatte eine überaus qualifizierte Gesangslehrerin, zu der ich dann auch zum Probesingen ging. Sie fragte mich, ob ich etwas vorbereitet hatte. Ich war völlig unerfahren und suchte mir eines der Lieder auf ihrer Liste aus. Es war ‚I beg your pardon' von Rose Garden, weil ich das Lied öfter schon gehört hatte und gut mitsingen konnte. Aber Karaoke ist dann doch etwas anderes. Ich kam sehr schnell an meine Grenzen. Es war viel Text sehr schnell zu singen, und ich war vor lauter Aufregung ganz kurzatmig.

Die Gesangslehrerin merkte das auch rasch. Sie schlug vor, ans Klavier zu gehen. Dort spielte sie nach und nach die Tasten an, damit ich den jeweiligen Ton passend nachsang.

„Ein schönes lautes AAAAA bitte“, forderte sie mich auf.

Ich erinnere mich heute noch, wie nervös ich war. Die Fenster waren gekippt und ich wollte auf keinen Fall, dass irgendjemand draußen auf der Straße meine schiefen Töne hört. Und dementsprechend zaghaft kamen die Töne aus meinem Mund. Als wir nach einer halben Stunde fertig waren, sagte die Gesangslehrerin zu mir: „Als der liebe Gott die Stimmen an die Sängerinnen verteilt hat, haben Sie aber nicht ICH ICH gerufen!“

Dieser Satz hatte gesessen! Sich für alle Zeiten in meinem Hirn eingenistet. Lange Zeit wagte ich überhaupt nicht mehr, den Mund aufzumachen, trotz meiner Liebe zum Singen.

Heute weiß ich, was damals passiert war. Ich hatte eine äußere Stimme zu meiner eigenen gemacht. Ich hatte das geglaubt, was die Gesangslehrerin über mich beziehungsweise zu mir gesagt hatte. Meine Herzensstimme hatte ich ausgeblendet, obwohl sie natürlich stets da war. Nur war sie von vielen Ereignissen zugeschüttet worden.

Im Zuge meiner persönlichen Entwicklung kam ich irgendwann an einen Punkt, wo ich mich fragte: Wer bin ich? Wieso bin ich hier? Was will ich denn wirklich? Und dann hörte ich sie plötzlich wieder. Diese Kinderstimme von früher, die immer sagte: „Ich will Sängerin werden."

Dieser Kindertraum, er war noch da. Und dieses Mal wollte ich mich nicht davon abbringen lassen. Ich nahm wieder Gesangsunterricht. Dieses Mal jedoch bei einer einfühlsamen Lehrerin, die mir immer wieder Mut machte. Sie war die einzige, die wusste, was ich vorhatte. Ich wollte einmal in meinem Leben eine CD rausbringen. Es brauchte nicht viel sein, ich war mit wenig zufrieden. Aber ich wollte es dieses Mal schaffen. Für mich!

Dass ich nun einen solchen Erfolg habe, damit hätte ich niemals gerechnet. Aber ich freue mich so sehr darüber. Und letztendlich bin ich mir selbst am meisten dankbar, dass ich meine Träume nicht ganz habe fallen lassen. Dass ich mir die Arbeit machte, herauszufinden, welche der Stimmen äußere sind, die ich zu meinen machte, und welche meine eigenen sind. Das Schlüsselwort zum Erfolg oder Durchbruch war wohl Selbstvertrauen."

Schülerhilfe

Es gab einmal einen Nachhilfe-Lehrer, der hatte eine besondere Fähigkeit: Er schaffte es bei fast all seinen Schülern, dass diese innerhalb eines halben Jahres im Fach Mathe ihre Note mangelhaft zu einem Gut oder sogar Sehr Gut verbessern konnten.

Irgendwann wollte ein Mathe-Lehrer wissen, wie er das genau mache. Das wäre ja wirklich phänomenal.

Der Nachhilfe-Lehrer sagte: „Das ist relativ einfach: Ich habe mit den Eltern einen Deal. Ich wette mit ihnen, dass ich es schaffe, den Schülern innerhalb eines halben Jahres mit zwei Nachhilfe-Stunden pro Woche zu einer zwei zu verhelfen. Wenn ich dies nicht schaffe, brauchen die Eltern mir nichts bezahlen. Wenn ich es schaffe, bekomme ich von den Eltern 2000 Euro."

Der Mathe-Lehrer war verwundert „Und das klappt?"

„Ja, das klappt, aber vielleicht aus anderen Gründen, als Sie nun glauben. Ich bin sicherlich nicht der beste Nachhilfe-Lehrer. Ich glaube auch nicht, dass ich im Fach selbst besser bin als andere. Aber ich mache etwas, das einen Effekt hat, der nicht zu unterschätzen ist.

Ich glaube zu 150 % an meine Schüler. Und dieser Glaube schwappt auf sie über. Und irgendwann glauben die Schüler selbst so fest an sich, dass sogar kritisierende Eltern oder motzende Lehrer keine Chance mehr haben. Und genau das ist mein Ziel innerhalb des halben Jahres. Dass die Schüler wieder lernen, an sich selbst zu glauben. Nicht mehr und nicht weniger.

Achja und noch etwas: Wenn Sie wüssten, wie wenig Mathe wir in dieser Zeit machen, Sie würden wahrscheinlich aus dem Staunen nicht mehr rauskommen", antwortete der Nachhilfe-Lehrer.

Vertrauen

Anna und Luzie hatten als Außendienstmitarbeiterinnen ganz neu in einer Werbeagentur begonnen. Gleich zu Beginn sollten sie an einem Verkaufsseminar in Bochum teilnehmen.

Anna lebte mit ihren zwanzig Jahren noch zu Hause, hatte erst vor kurzem den Führerschein gemacht und war noch nicht oft in andere Städte verreist. Sie hatte kein Navigationsgerät, aber sie traute sich das trotzdem zu. Auf der Hinfahrt passte alles perfekt. Sie kamen in Bochum an, fanden das Hotel sofort und parkten in die Tiefgarage.

Als das Seminar vorbei war, fuhren sie aus der Tiefgarage heraus. Und dann kam, was kommen musste: Eine riesige Baustelle. In dem Schilderwald konnte Anna kaum erkennen, wo sie entlang fahren sollte.

Aber dann entdeckte sie die Lösung: ein Polizeiauto.

„Ich fahre jetzt einfach dem Polizeiauto hinterher, so kann ich wenigstens sicher sein, dass wir richtig fahren", sagte sie zu Luzie.

Sie hängten sich für eine Weile an das Polizeiauto an. Bis dieses immer langsamer wurde. Anna und

Luzie wunderten sich schon. Plötzlich blieb das Polizeiauto stehen. Anna natürlich auch. Der Polizist stieg aus. Er kam auf ihr Auto zu. Anna kaute vor Aufregung an den Fingernägeln. Der Polizist klopfte an ihre Scheibe. Sie ließ die Fenster runter.

Der Polizist fragte „Gute Frau, können Sie mir sagen, was Sie hier in der Fußgängerzone machen?"

Anna guckte Luzie an. Sie konnten nicht anders: Sie mussten lauthals lachen. Weil der Polizist nun seinerseits erstaunt schaute, bissen sich die Freundinnen auf die Lippen. Anna versuchte ihm zu erklären, wieso sie hinter ihnen hergefahren wären. Der Polizist guckte immer noch etwas irritiert, aber Anna erzählte es ihm wohl so überzeugend, dass er ihr glaubte.

Am Ende fragte er dann: „Finden Sie denn jetzt den Weg zur Autobahn?"

Anna schaute ihn mit einem Dackelblick an, lächelte aus ihren grünen Augen, und er sagte schon von sich aus: „Ok, fahren Sie einfach hinter uns her, wir bringen Sie zur Autobahnauffahrt, damit Sie sicher und heil zu Hause ankommen."

Anna und Luzie haben noch oft über diese Geschichte lachen müssen. Und sie haben eine Lektion an diesem Tag bekommen. Egal, wie aussichtslos dir eine Situation erscheint, vertraue darauf: Am Ende wird alles wieder gut!

Anerkennung oder Kritik?

Jaymond, der Erfolgstrainer, machte eine Deutschland-Tour. Seine Stärke war es, Sinnreiches mit Humor zu verbinden. Und so stand er vor der Menge und malte dies an eine große Tafel:

Daraufhin fragte er die Teilnehmer: „Erkennen Sie, was das ist?“ Die Teilnehmer riefen ihm die verschiedensten Dinge zu. Von „Kritzelei“ bis hin zu „Kuli ausgelaufen“ war alles dabei.

Aber dann meinte er zu den Teilnehmern. „Das erkennt man ja wohl ganz deutlich, was das ist. Ein Elefant! Wenn Sie einem drei-jährigen Kind den Auftrag geben, einen Elefanten zu malen, und das Kind malt dann genau dieses Bild, dann sagt doch jeder (und hob dabei seine Stimme wie ein Erwachsener, der in der Duzi-duzi-Sprache mit Babys spricht)

„Ach, wie toll du das gemalt hast, ein schöner Elefant, du kannst ja schon sooooo gut malen‘. Stimmt's?“

Die Teilnehmer nickten schmunzelnd. Das kannte wohl jeder von zu Hause. Viele hatten eigene Kinder und konnten das nur bestätigen.

Jaymond malte dann folgendes an die Tafel:

Daraufhin meinte er: „Wenn das Kind acht ist, sagen Sie zu ihm, es soll nochmal einen Elefanten malen. Dann kommt so etwas dabei heraus und die Eltern werden plötzlich mäkeln: ‚Schau mal, mein Kind, die Ohren sind aber viel zu klein, ein Elefant hat doch viel größere Ohren. Und der Schwanz ist auch länger‘ Manche Eltern korrigieren es vielleicht sogar, indem sie die Zeichnung auf dem Blatt übermalen.

Ja, hallo? Ist das nicht skuril? Kann mir mal irgendjemand erklären, wieso irgendwann der Punkt erreicht ist, an dem die Eltern mehr kritisieren als loben? Ein Elefant, der viel schöner ist als der, den das Kind mit drei Jahren gemalt hat, ist plötzlich nicht mehr so schön? Das ist doch alles verrückt. Haben Sie schon einmal darüber nachgedacht?

Wie ist das denn bei ihnen zu Hause? Hier sitzen viele Frauen. Ich frage Sie: Wenn sie für drei Stunden das Haus verlassen und Ihr Mann räumt auf, was sagen Sie denn, wenn Sie heimkommen? Wo liegt Ihr Fokus? Kritisieren Sie, dass Sie nun nichts mehr finden, weil er ja immer alles nur verstaut? Oder loben Sie ihn dafür und bedanken sich, dass er alles aufgeräumt hat?

Oder was sagen Sie, wenn Sie ein Haus betreten, das frisch gebaut wurde? Äußern Sie, was Sie alles anders gemacht hätten? Oder sprechen Sie aus, was Ihnen gut gefällt?

Überprüfen Sie sich einmal selbst.

Denn eines kann ich Ihnen ganz sicher sagen: Alle, die wir hier in diesem Raum sind, haben als Kind sehr wahrscheinlich wenig Lob und Anerkennung bekommen und viel mehr Kritik. Die Grundbotschaften, die ein Kind nährt, stärkt und aufbaut, sind Sätze wie:

„Schön, dass es dich gibt."
„Du machst das klasse."
„Du bist wunderbar."
„Ich liebe dich, genauso wie du bist."
„Höre auf dein Herz, probiere alles aus im Leben."
„Sei aufgeschlossen und spiele, solange du Lust am spielen hast."

Stattdessen hörten wir eher Sätze wie:

„Reiß dich zusammen."
„Träum nicht so viel."
„Mama hat dich nur lieb, wenn du dieses oder jenes tust."
„Sei vernünftig."

Und so entwickelten wir Muster und Verhaltensweisen, mit denen wir auf uns aufmerksam machten. Ja, wir wollten Anerkennung haben und passten uns deshalb den Erwartungen der Erwachsenen an. Lieber war uns, negative Aufmerksamkeit zu bekommen als gar keine.

Und diesen Hunger nach Anerkennung tragen heute noch viele Menschen mit sich herum. Sie hecheln in Berufen dem Erfolg und dem Geld hinterher, weil sie denken, dass sie nur mit Leistung Beachtung finden. Sie suchen im Außen, was sie sich selbst im Inneren nicht geben können.

Wenn zwei Menschen zusammen sind, heißt das noch lange nicht, dass sie sich lieben. Viele Partnerschaften basieren auf dem Prinzip des Gebrauchtwerdens. Denn sie können sich selbst nicht geben, was sie im Gegenüber suchen. Wenn sich zwei Menschen gegenseitig brauchen, dann sind es Verbraucher. Das hat mit Liebe nichts zu tun.

Fangen Sie an, sich selbst zu nähren. Tun Sie Dinge, die Ihnen Freude machen. Egal, was andere sagen. Erkennen Sie Ihre inneren mahnenden Stimmen, bedanken Sie sich bei ihnen, und verabschieden sich dann. Sie sind gut, so wie Sie sind. Und egal, wer Ihnen irgendwann mal versucht hat, etwas anderes einzureden. Sie sind gut, so, wie Sie sind."

Nach diesem Vortrag war Pause. Als Jaymond in die Menge blickte, so sah er etliche Gesichter, die strahlten und manche, die traurig vor sich hinblickten. Er hoffte, dass er mit seinem Vortrag die verletzten Kinderseelen erreicht hatte. Dass sie sich auf den Weg machten, um die Gefühle zuzulassen, die schon lange verdrängt waren, um dann in Liebe mit sich selbst leben zu können.

KAISER-LOTHAR-REALSCHULE
PRÜM/EIFEL

(mit gemeinsamer Orientierungsstufe für Realschule und Gymnasium in kooperativer Form)

Halbjahreszeugnis

Vor- und Zuname: Kerstin Werner

Klasse: 8a Schuljahr 1986/87

Mitarbeit: unbefriedigend Verhalten: gut

LEISTUNGEN

Pflichtfächer:		Wahlpflichtfächer:	
Religion	ausreichend	Französisch	ausreichend
Deutsch	ausreichend	Mathematik/ Naturwissenschaften	—
Englisch	mangelhaft	Wirtschafts- und Sozialkunde	—
Mathematik	ausreichend	Math./Naturwissensch.	—
Geschichte	mangelhaft	Technisches Zeichnen	—
Sozialkunde	ausreichend	Kurzschr./Ma. Schreiben	—
Erdkunde	ausreichend	Familienhauswesen	—
Physik	—	Bildn. Gestalten/Werken	—
Chemie	ausreichend	Gesamtnote	—
Biologie	—		
Musik	befriedigend	Wahlfächer:	—
Bild. Kunst/Werken/ Text. Gestalten	gut		
Teilnahme an Bild. Kunst	×		
Werken	☐		
Text. Gestalten	☐		
Sport	befriedigend		

Teilnahme an freiwilligen Unterrichtsveranstaltungen: —

Versäumt wurden entschuldigt 10 Tage, unentschuldigt — Tage.

Bemerkungen: Kerstin zeigt zu wenig Interesse an der Unterrichtsarbeit. Die Leistungen in Chemie sind nur schwach ausreichend. Die Versetzung ist gefährdet.

Prüm, den 30. 1. 1987

Wie werde ich erfolgreich

Auf einem Seminar für Persönlichkeitsentwicklung stellte ein Seminarleiter den Teilnehmer eine Frage: „Gesetzt den Fall, ich gäbe euch ein Rätsel, für das es drei Lösungswege gibt. Für welche der drei möglichen Wege entscheidet ihr euch spontan?"

1. Ich nehme die Lösung gleich mit dazu.
2. Ich löse das Rätsel selbst und nehme die Lösung nur, wenn ich nicht mehr weiterkomme.
3. Ich löse das Rätsel auf jeden Fall selbst.

Es waren 30 Teilnehmer und das Ergebnis fiel wie folgt aus:

1. 2 Personen
2. 22 Personen
3. 6 Personen

Da der Seminarleiter alle Personen gut kannte, und in Einzelgesprächen vor dem Seminar schon erfahren hatte, wer welches Leben führte, wer erfolgreich war und wer nicht, wusste er schon, welche Personen nun für alle anderen interessant sein würden. Nämlich die zwei Personen, die Möglichkeit Nr. 1 gewählt hatten. Er bat die beiden nach vorne und fragte, wer von ihnen denn gerne vor der Gruppe antworten würde.

Manfred erklärte sich dazu bereit. Er war gerade mal 38 Jahre alt und Topverdiener in seiner Branche. Er leitete mit viel Erfolg ein großes IT-Unternehmen mit über 300 Angestellten. Er wurde gefragt, wieso er Möglichkeit 1 gewählt hätte.

Seine Antwort war einfach: „Wieso soll ich selbst nach einer Lösung suchen, wenn sie schon da ist? Viele Mitarbeiter in meinem Unternehmen sind dort stark, wo ich schwach bin. Mir ist es wichtig, dass jeder das tut, was er gut kann. Wir haben unser Unternehmen nach Stärken aufgebaut. Wir haben geschaut, wo wir Schwächen haben und dann jemanden gesucht, der genau auf diesem Gebiet stark ist. Uns waren auch Zeugnisse egal, denn der Mensch hat Talente in sich, die er nur auszubauen braucht. Das hat zwei Vorteile: 1. geben wir Menschen eine Chance, sich zu entfalten, die sie vielleicht in ihren erlernten Berufen niemals gehabt hätten, und 2. weiß ich, wann ich wo jemanden um Hilfe bitten kann, damit alle, inklusive mir selbst, zieldienlicher arbeiten können. Das führt dann unweigerlich dazu, dass wir alle voneinander profitieren, und uns gegenseitig stützen statt uns zu bekriegen."

Besonders die 6 Personen, die sich für den 3. Lösungsweg entschieden hatten, gingen nach diesem Statement mit einem Aha-Effekt nach Hause.

Gefühle zeigen erlaubt

Kerstin war am Ende ihrer Kräfte. Sie war kurz davor, völlig in die Depression zu rutschen. Vielleicht war sie auch schon mitten im Burnout. Sie bekam nichts mehr auf die Reihe. Es schien so, als wenn alles, was sie in ihrem Leben anpackt, von Misserfolg gekrönt wäre. Ihre letzte Selbständigkeit hatte sie überlebt, aber auf ihrem Konto waren rote Zahlen, roter gingen sie nicht mehr. Mit Männern hatte sie bislang nur schlechte Erfahrungen gemacht und auch in Freundschaften gab es bittere Enttäuschungen. Aber sie war eine Kämpferin. Sie wollte lieber leben als sterben, obwohl sterben fast der einfachere Weg gewesen wäre.

Sie schrieb sich ihren Kummer von der Seele und schickte die E-Mail an eine NLP-Trainerin. Diese antwortete so, dass Kerstin sich gleich gut aufgehoben wusste. Kurzentschlossen meldete sie sich für einen NLP-Einsteiger-Kurs an. Kerstin wollte gar nicht weiter denken, sondern nur an diesen einen Termin, um zu schauen, ob das etwas für sie sein könnte. Und sie wusste, dass etwas mit ihr passieren würde. Sie war bereit, einen neuen Weg einzuschlagen. Sie hatte zwar noch keinen blassen Schimmer, welchen, aber den bisherigen Trampelpfad wollte sie verlassen.

Der Termin rückte immer näher. Kerstin hatte Veränderungen bisher immer gescheut. Ihre Angst wuchs, was so alles „hoch kommen“ könnte. Aber sie litt inzwischen mehr, als dass sie sich an ihrem Leben erfreute. Der Mut, etwas ändern zu wollen war dieses Mal größer als die Furcht vor dem, was kommen könnte. Die Fahrt dorthin war ein bisschen wie damals, als sie für drei Monate in eine psychosomatische Klinik fuhr. Sie heulte schon wie ein Schlosshund auf dem Hinweg und konnte nicht in Worte fassen, weshalb.

In der Eröffnungsrunde des Kurses, alle Teilnehmer saßen im Kreis, erklärte die Leiterin des Institutes zuerst organisatorische Sachen, aber Kerstin war ganz woanders. Nämlich bei ihren hilflosen Gefühlen, die sie gerade übermannten. Sie spürte schon, dass gleich der erste Heulanfall kommen würde; in der Gruppe, vor all den anderen fremden Menschen! Sie entschied sich kurzerhand hinauszugehen, weil sich die Tränen nicht mehr zurückhalten ließen. Doch ehe sie durch die Tür gehen konnte, brach das erste laute Schluchzen aus ihr heraus. Nun wussten die Teilnehmer: Kerstin heult! Nur wieso?

Sie kam sich so blöd vor. Immer schon fand sie es schrecklich, dass sie so sensibel und emotionsgeladen war. Sie verurteilte sich dafür.

Nach kurzer Zeit hatte sie sich wieder beruhigt und ging in den Raum zurück. Die Teilnehmer waren dabei, sich vorzustellen. Es dauerte nicht lange und Kerstin war an der Reihe. Sie erzählte irgendwas von ihrer beruflichen Situation und wieso sie diesen Kurs besucht. Und schon folgte der nächste Heulflash. Einige Teilnehmer konnten damit gar nichts anfangen, aber Kerstin war nicht in der Lage, den Tränenstrom einzudämmen. Was raus muss, musste raus. Und sie hoffte, dass sie hier mit ihren hilflosen Gefühlen gut aufgehoben war.

Beim Abendessen setzte sich die Trainerin neben Kerstin. Sie bot ihr an, vor der Abendeinheit eine Übung mit ihr allein zu machen. Wahrscheinlich spürte sie deutlich, dass Kerstin das brauchte.

In dieser kleinen persönlichen Sitzung ging es um ihre Herkunft, um ihr Elternhaus. Welche Muster Kerstin schon sehr früh geprägt hatten. Imaginär saßen ihre Eltern mit im Raum, und so löste sich schon an diesem Abend ein kleines Steinchen von dem Riesenfels, den Kerstin auf dem Rücken mit sich schleppte.

Im Laufe dieses Einsteigerkurses, welcher über ein verlängertes Wochenende (4 Tage) ging, bekam Kerstin eine Ahnung davon, wer in ihr schlummerte, denn mit den wertschätzenden und achtsamen Teilnehmern durfte sie peu á peu die Kerstin raus lassen, die in ihr steckte.

Sie war guten Mutes, aber kaum fing der Alltagstrott sie ein, kamen auch die alten Verhaltensmuster wieder. Irgendetwas verleitete sie immer wieder dazu, dass sie ihren Kern, ihre Talente, ihre Fähigkeiten versteckte. In Kerstin wuchs die Erkenntnis, dass ihr Kern mit Müll zugeschüttet worden war.

Sie entschied sich nach dem Einsteiger-Kurs nicht nur für den Practitioner, sondern auch für den Master und letztendlich sogar für den NLP-Coach. Über drei Jahre absolvierte sie Kurse, die der Selbstentfaltung dienten. Das war sicherlich nicht immer schön, aber im Nachhinein befreiend. Sie fuhr mit einem Felsbrocken hin, der sich nicht zu bewegen schien und erfuhr dann, wie es ist, Stein für Stein abzutragen.

Es gab einige lebenswichtige Dinge, die sie für sich in diesen Kursen nicht nur lernen, sondern durch die vielen Übungen, in die meist auch der Körper einbezogen wurde, verinnerlichen konnte:

- Nur wenn wir neue Fragen stellen, bekommen wir neue Antworten.
- Im eigenen System sind wir betriebsblind. Sich Hilfe zu holen ist eine Stärke.

- Nicht das „Weg-haben-wollen“ der eigenen Schwächen ist die Aufgabe, sondern das Annehmen.
- Wenn wir jammern, befinden wir uns in der Opferrolle. Als Opfer können wir nicht handeln. Und ohne Handlung kein Leben.
- Hilflose Gefühle, die uns beherrschen, sind Bestandteil unserer Vergangenheit und gehören nicht der Gegenwart an. Das innere verletzte Kind hat sich noch nicht ausgesöhnt und schreit.
- Wenn der Körper krank wird, sind es Botschaften der Seele.

Kerstin kannte nach diesen drei Ausbildungsjahren ihre Schwächen, sie kannte ihr Stärken. Sie wusste, welche Talente in ihr steckten. Aber sie zu kennen oder sie zu leben, ist ein himmelweiter Unterschied. Und genau das gelang ihr noch nicht so richtig. Trotzdem hatte sich bereits viel verändert. Innerlich und auch im Außen.

Nachdem sie zehn Jahre lang zirka 200 km von ihrer Heimat entfernt gewohnt hatte, entschied sie sich, wieder zurück zu ziehen. Zur Familie und dahin, wo ihr soziales Netzwerk war. Sie fühlte sehr schnell, dass genau das der richtige Schritt war.

Kerstin wollte weiterhin an sich arbeiten und sich weiterentwickeln. Mit Hilfe eines fähigen Therapeuten, den sie durch ihre Schwester kennenlernte, schaffte sie es in kurzer Zeit, die Abhängigkeiten aufzudecken, die sie noch lebte. Verdrängte Gefühle wie Wut, Ärger und Aggressionen kamen ans Tageslicht und wollten gelebt werden. Muster, die sie lange Zeit am Strahlen hinderten, erkannte sie und unterbrach sie. Sie nahm ihr Leben in die eigenen Hände.

Es war nun genug gejammert, gebettelt, gewünscht und gemault. Zeit zum Handeln!

Kerstin übernahm Selbstverantwortung, wo sie früher in der Opferrolle verharrte. Und das merkten auch die Menschen in ihrem Umfeld. Manche Beziehungen veränderten sich, manche Freundschaften gingen auseinander, während sich andere vertieften.

Irgendwann stellte sie sich nur noch eine Frage: Wie kann ich meine Fähigkeiten, Stärken und Talente mehr nach außen bringen? Und da waren sie. Die drei Dinge, die ihr von Gott gegeben worden waren: Kreativität, Inspiration und Humor. Präsenter als je zuvor.

Sie fing an zu fotografieren. Einfach so, ohne Plan. Weil sie wusste, dass sie dann in ihrer Kraft stand. Und genau das war ihr Ziel. Sie ging ab und zu in die Kirche, machte oben auf dem Chor das Licht an und sang Lieder, die ihre Seele berührten. Nur für sich. Sie genoss es, wenn sie von ihren Neffen umgeben war. Sie wurde selbst wieder zum lebendigen Kind, wenn sie mit den Kleinen spielen durfte. Die Freude wuchs. Sie vertraute sich selbst mehr und mehr. Sie traf berufliche Entscheidungen, denn ihr Ziel war klar: Sie wollte von ihren Talenten leben können. Und somit permanent in ihrer Kraft stehen. Und genau das tat sie. Schritt für Schritt. Ihr war erst einmal egal, ob sie damit Erfolg hatte oder Geld verdiente. Denn sie vertraute darauf: Das eine zieht das andere an. Sie schaute das erste Mal im Leben am Allermeisten auf sich selbst. Sie lernte zwischen den äußeren Stimmen, die sie irgendwann mal zu ihren gemacht hatte, und ihrer eigenen Herzensstimme zu unterscheiden. Und der folgte sie nun.

Sie hatte konsequent Verhaltensmuster unterbrochen, die sie einst ins Leid führten. Sie war lange Zeit eine Marionette gewesen, deren Fäden andere Menschen in den Händen gehalten hatten. Diese hatte sie jetzt durchgeschnitten. Kerstin stand jetzt auf eigenen Füßen. Sie hatte sich für die Sonnenseite des Lebens entschieden.

Sie machte etwas zu ihrer Stärke, was einst ihre vermeintliche Schwäche war. Und das ganz ohne die Hilflosigkeit von früher. Kerstin erlaubte sich nun, ihre Gefühle zu leben. Sie wurde nicht mehr übermannt oder beherrscht von ihnen. Sie übernahm die Verantwortung für ihre Gefühle. Ihre Gefühle wurden ihre Freunde.

Kerstin entschloss sich, alles was sie in den letzen Jahren an Geschichten geschrieben hatte, in einem Buch zusammen zu fassen. Die Geschichten spiegelten ihre Erfahrungen, die sie mit sich und anderen Menschen machen durfte, wider. Sie überlegte kurz, aber der Titel des Buches war ihr schnell klar:

„Gefühle zeigen erlaubt!"

DANKE

Bei ein paar Menschen möchte ich mich abschließend bedanken.

Ingrid Blessing
www.blessing-consult.de

Ingrid hat mich in den 3 Jahren der NLP-Ausbildung begleitet. Als hervorragende Trainerin! Sie hat mir wohl das größte Geschenk gemacht, was ein Mensch bekommen kann. Ingrid hat mir zu spüren und zu verstehen gegeben, dass ich gut bin, so wie ich bin. Diese Botschaft hat mein SEIN genährt. Danke für deine Geduld, Wertschätzung und Achtsamkeit!

Aloisius Pongratz
aloisius.pongratz@web.de

Aloisius hat mich nach der NLP-Ausbildung begleitet. Als Heilpraktiker und Lerntherapeut betreibt er zwei Praxen: in Freisen und Pronsfeld. Mit ihm bin ich die heftigsten Schritte gegangen, die mein Leben grundlegend verändert haben. In einer Effizienz und Intensität, die mich schnell vorangehen ließ. Danke dir für den Mut, den du hattest, die Dinge mit mir aufzudecken, und dass du auch heute noch für mich da bist!

Ulrike Hirsch
www.ulrike-hirsch.de

Ulrike ist aus ganzem Herzen Malerin, Grafikerin und Illustratorin. Vom ersten Tag an, war ich begeistert und berührt über das, was sie tut. Sie war für mich eine große Inspiration, wenn es darum ging, der Herzensstimme zu folgen. Ich bin glücklich, dass du meinem Buch mit deinen Illustrationen auch einen bildhaften Ausdruck gegeben hast. Großartig! Vielen vielen Dank!

Elsa Rieger
www.elsarieger.at

Elsa ist Lektorin und Autorin in Wien. Sie hat zahlreiche Bücher selbst geschrieben und meinem Buch mit ihrem Lektorat den nötigen Feinschliff gegeben. Danke Elsa, für deine großartige Unterstützung. Du bist wundervoll!

Ein besonderer Dank geht an Mama und Papa

Letztendlich gibt es keine Menschen, die mir näher stehen. Bei euch möchte ich mich bedanken, denn durch euch darf ich das sein, was ich heute bin. Ihr habt mir mein Leben geschenkt. Ich bin mit euch, an euch und ganz besonders in den letzten Monaten auch ohne euch gewachsen.

Ich liebe euch!

Die Autorin

Kerstin Werner wurde 1973 in der wunderschönen Eifel geboren, wo sie auch heute lebt und arbeitet.

Kreativität, Inspiration und Humor sind ihre größten Stärken. Sie liebt nicht nur das Schreiben, sondern ebenso das Fotografieren.

Mehr über die Autorin erfährst du:

> Auf ihrer Webseite:
> www.kerstin-werner.de
>
> Auf Facebook:
> www.facebook.com/WerKer

15583915R00055

Made in the USA
Charleston, SC
10 November 2012